부모의 변화가
자녀의 미래를 바꾼다

**부보의 변화가
자녀의 미래를 바꾼다**

1판 1쇄 발행 2025년 9월 8일

저자 윤상원

교정 신선미　**편집** 문서아　**마케팅·지원** 이창민

펴낸곳 (주)하움출판사　**펴낸이** 문현광

이메일 haum1000@naver.com　**홈페이지** haum.kr
블로그 blog.naver.com/haum1000　**인스타그램** @haum1007

ISBN 979-11-7374-181-4(03590)

부모의 변화가 자녀의 미래를 바꾼다

따뜻하고
현실적인
학부모 길잡이

하움

차 례

세상은 빠르게 변하고 있습니다. 우리가 상상조차 하지 못했던 기술들이 현실이 되었고, 그 변화는 이제 우리의 일상 깊숙이 스며들고 있습니다. 인공지능, 기후 위기, 인구 감소, 고령화는 더 이상 통계 속 이야기만이 아니며, 아이들이 살아갈 세상을 근본적으로 바꾸고 있습니다.

이처럼 급변하는 미래를 대비하기 위해

"우리는 자녀를 어떻게 키워야 하는가?"
"부모는 어떤 역할을 해야 하는가?"

학력의 기준이 바뀌고 있고, 미래인재에 대한 정의도 달라지고 있습니다.

이제는 '공부 잘하는 아이'보다 '스스로 배움을 즐기는 아이', '지식을 외우는 아이'보다 '질문할 줄 아는 아이'로 키워야 합니다.

이 책이 아이를 둔 학부모님들께 미래사회를 보는 작은 나침반이 되기를 바랍니다. 미래를 살아갈 아이를 어떻게 바라보고 도와줄 수 있을지에 대한 따뜻하고 현실적인 길잡이가 되었으면 합니다.

PART 1

미래사회의 인재

우리가 자라던 시대에는 '공부 잘하는 아이'가 곧 '좋은 인재'였습니다. 정답을 빠르게 찾고, 지시에 잘 따르며, 좋은 대학에 진학하는 것. 그것이 성공의 공식이던 시절은 분명 존재했습니다. 하지만 지금, 우리 아이들이 살아갈 미래는 전혀 다른 세상으로 변하고 있습니다.

세상은 이제 정해진 답보다 질문할 줄 아는 사람, 외워진 지식보다 새로운 문제를 발견하고 해결할 수 있는 사람을 필요로 합니다.

미래사회는 복잡하고 예측할 수 없는 환경 속에서 창의적으로 사고하고, 타인과 협력하며, 자신의 삶을 주체적으로 이끌어 가는 사람을 원합니다. 지금까지 강조해 온 논리적 지능만큼이나 음악적, 공간적, 대인관계 지능도 중요하며, 특히 '자기이해지능'은 앞으로의 시대를 살아가는 데 핵심이 될 것입니다.

우리는 이제 부족한 부분을 채워 완벽한 아이를 기르려 애쓰기보다, 자기다움을 잃지 않으며 성장하는 아이, 실패해도 다시 도전할 수 있는 아이, 타인과 다름을 인정하고 함께 길을 찾는 아이를 키워야 합니다.

다양한 지능,
다양한 가능성

우리는 오랫동안 아이들의 능력을 하나의 잣대로 생각해 왔습니다. 하지만 하워드 가드너 교수는 질문했습니다.

"왜 우리는 인간의 지능을 오직 하나로만 판단하는가?"

가드너의 다중지능 이론은 지능의 스펙트럼이 다양함을 일깨웁니다. 예컨대, 어떤 아이는 수리·논리적 추론에 탁월하고, 어떤 아이는 시각적 이미지로 세상을 해석하며, 또 어떤 아이는 대인관계에서 뛰어난 조율 능력을 발휘합니다. 이렇듯 각자 고유한 방식의 '지능'을 지닌 것입니다.

미래사회의 아이들은 다양한 지능을 가진 사람들과 협업을 통해 살아갈 겁니다. 음악적 감각이 뛰어난 사람, 공간지각력으로 창의적 공간을 설계하는 사람, 대인관계 지

능으로 사회의 리더가 되는 사람들이 모여 함께 미래를 살아갈 겁니다.

부모의 생각이 바뀌면 아이의 미래가 달라집니다. 우리 아이가 수학을 포기하더라도, 내면에는 따뜻한 감성과 뛰어난 대인관계 능력이 잠재되어 있을지 모릅니다. 우리는 이제 "이 아이는 왜 이것을 못 할까?"보다는 "이 아이는 어떤 방식으로 세상을 빛낼 수 있을까?(어떤 모습으로 행복한 삶을 살 수 있을까?)"를 물어야 할 때입니다.

미래사회에 필요한
역량

지금의 아이들은 우리가 겪어 보지 못한 시대를 살아갈 겁니다. 어릴 적에는 "열심히 공부해서 좋은 대학 가면 된다."는 말이 가장 흔한 진로 조언이었지만, 이제는 그 말 자체가 낡은 나침반처럼 느껴집니다. AI가 코드를 쓰고, 로봇이 사람을 간호하며, 기계가 통계 분석을 대신하는 세상. 우리는 묻습니다. "그렇다면 우리 아이들은 어떤 능력을 갖추어야 할까?"

앞으로의 시대는 단순한 암기력이나 문제 풀이 능력만으로는 살아가기 어렵습니다. 미래사회는 더 이상 정답이 존재하지 않는 문제들로 가득하기 때문입니다. 빠르게 변화하는 세상에서 살아남기 위해 가장 먼저 필요한 것은 '융합적 사고력'입니다. 여러 분야의 지식을 유연하게 연결하고, 낯선 문제를 창의적으로 해결하는 힘, 이것이 지금 교육이 가장 절실히 추구해야 할 지능입니다.

두 번째는 감성 지능입니다. 타인의 감정을 읽고 공감하며 함께 일할 줄 아는 능력, 그것은 결코 기계가 대신할 수 없습니다. 공감과 소통, 협업은 미래인재의 필수 조건입니다.

또한 중요한 것은 자기 이해 지능입니다. 자기 자신을 깊이 들여다보고, 스스로를 조절하며 성장시킬 줄 아는 힘입니다. 아무리 정보가 넘쳐도, 자신이 누구인지 모른다면 길을 잃을 수밖에 없습니다. 자신에 대한 이해는 자율성과 주도성의 뿌리가 됩니다.

마지막으로, 실천적 지능이 필요합니다. 알고 있는 것을 행동으로 옮기는 힘, 이타심과 책임감을 바탕으로 사회 속에서 자신의 역할을 해내는 지능입니다. 배운 것을 삶과 연결하고, 주변에 긍정 에너지를 전파하는 실천력이야말로 미래인재의 진정한 자격조건입니다.

지금 우리 아이들이 갖춰야 할 것은 '완벽함'이 아니라 '방향'입니다. 그리고 그 방향은 하나의 정답이 아닌, 서로 다른 가능성이 함께 열린 세계입니다. 부모인 우리는 이제 아이가 시험을 잘 보았는지를 묻기보다, 오늘 무엇을 느끼고 생각했는지를 함께 나누는 연습을 시작해야 합니다.

3

미래사회가 바라는
인재

"이 아이는 성적이 좋아요."

과거에는 이 한마디면 설명이 충분했습니다. 성적이 곧 학력이라고 여겼기 때문입니다. 하지만 지금, 그리고 앞으로의 사회에서 학력이란 과연 무엇을 의미할까요?

미래사회는 지식의 양보다, 지식을 살아 있는 문제에 연결할 수 있는 사람을 원합니다. 정보를 습득하는 속도는 이미 AI가 인간을 앞지르고 있습니다. 학력은 이해하고 적

용하는 힘, 나아가 창의적으로 재구성하는 능력으로 바뀌고 있습니다.

지금의 교육도 그 변화를 조금씩 반영하고 있습니다. 프로젝트 중심 수업, 질문과 탐구가 있는 교실, 선택과 자기주도 학습의 확대. 이는 단순히 교육의 방법이 바뀐 것이 아니라, 학력을 바라보는 관점이 근본적으로 전환되고 있다는 신호입니다.

과거의 학력관은 표준화된 시험에서 높은 점수를 받는 아이를 우대했습니다. 하지만 미래의 학력은 훨씬 더 입체적이고 개인화된 모습을 띨 것입니다. 한 아이는 협업에 능하고, 다른 아이는 깊은 사유를 통해 문제를 분석할 수 있으며, 또 다른 아이는 언어를 통해 세상을 연결합니다. 학력이란 '누가 더 똑똑한가?'를 가리는 것이 아니라, '각자 어떤 방식으로 세상에 기여할 수 있는가?'를 묻는 개념이 되어야 합니다.

그래서 이제 우리는 새로운 질문을 던져야 합니다.

"이 아이는 무엇에 흥미를 느끼고, 어떤 방식으로 생각하는가?"라고 말이지요.

학력의 의미가 바뀌면, 교육의 방향도, 부모의 시선도 달라져야 합니다. 더 이상 1등만이 인정받는 세상이 아니라, 다양한 방식의 배움과 성장이 공존하는 세상이 우리를 기다리고 있습니다. 부모인 우리는 아이가 배움의 즐거움을 잃지 않고 있는지를 더 자주 물어야 합니다.

나중에 어떤 직업을 갖는게 중요한 시대일까요? 아니면 어떤 사람이 되는지가 더 중요한 시대일까요?

우리는 오랫동안 직업 중심의 인재관에 익숙해져 있었

습니다. 의사, 판사, 교사, 공무원 등 사회가 안정적으로 평가하는 직업에 들어가는 것, 그것이 훌륭한 인재의 상징이었습니다. 하지만 이제 세상은 그 기준 자체를 바꾸고 있습니다. 직업보다 '역량', 지위보다 '태도', 성과보다 '과정'이 더 중요해지고 있습니다.

미래사회가 바라는 인재는 단순히 똑똑한 사람이 아닙니다. 스스로 배움을 이어 갈 줄 아는 사람, 다른 사람과 협력하며 성장할 줄 아는 사람, 새로운 문제 앞에서 주저하지 않고 질문을 던질 줄 아는 사람 '미래인재'입니다. 한마디로, 지식보다 '사람됨'을 갖춘 이들이 세상을 이끌게 될 것입니다.

자동화가 일상화된 세상에서 인간에게 남은 영역은 창의, 공감, 소통, 책임, 연대입니다. 그래서 앞으로의 인재는 '나'의 능력보다 '우리'의 성과를 중시하는 사람입니다. AI와 인공지능의 발달은 사람 간의 연결과 감정을 더욱 중요하게 만들었습니다.

또한, 미래인재는 실패할 줄 아는 용기를 가진 사람입니다. 나만을 위한 스펙보다는 서로 다름을 포용할 수 있는 마음, 높은 점수보다 높은 자기성찰, 완벽함을 고집하기보다 자신의 약점을 인정하는 것이 더 빛나는 자질이 됩니다. 한 번 넘어짐에 좌절하는 아이가 아니라, 넘어져도 다시 도전하는 아이를 키워야 합니다. 그런 아이는, 부모의 끈기 있는 기다림과 끊임없는 격려 속에서 키워집니다.

PART 2

학교 교육의 변화

"요즘 초등학교는 우리 때랑 정말 다르네요."

학부모 상담 시간에 자주 듣는 말입니다. 교실 수업도 빠르게 바뀌어 갑니다. 아이들의 책상은 예전과 같을지라도 그 안에서 펼쳐지는 교육은 과거와 비교할 수 없을 만큼 바뀌고 그 변화의 속도와 방향은 매우 빠르게 다양화되고 있습니다.

과거의 초등학교는 '기초 지식'을 가르치는 곳이었습니다. 교과서와 교사가 말하는 내용을 잘 듣고 따라 쓰는 것이 중심이었지요. 과거 교육의 핵심은 지식 전달이었기 때문입니다. 학생들은 교사의 정보를 수동적으로 열심히 받아들이기만 하면 되었습니다.

하지만 교실은 달라졌습니다. 생성형 AI를 통해 정답보다 질문을 잘하는 아이가 더 새로운 정보를 얻는 시대가 되었습니다.

"우리가 지금 가르치고 있는 것이, 과연 아이들의 미래에 어떤 도움이 될까?"

이 물음에 대한 고민이 담긴 교육의 방향은 2022 개정 교육과정이라고 할 수 있습니다.

2022 개정 교육과정의 핵심은 '학습자 주도성'입니다. 학습 과정 전반을 학생 스스로 설계하고 조절할 수 있는 스펙트럼이 넓어졌습니다. 정해진 교과서 내용이 아니라 내가 필요한 질문을 던지고, 토론을 통해 이견을 좁히며, 내가 하고 싶은 주제를 탐구하는 활동이 늘어납니다. 공부는 누군가에게 듣는 것이 아니라, 스스로 묻고 찾아가는 과정으로 바뀌고 있는 것입니다.

무엇보다 중요한 변화는 아이들의 배움의 속도와 방향은 모두 다르다는 것을 존중하기 시작했다는 점입니다. 느리게 이해하지만 깊이 생각하는 아이, 글보다 그림에 더 반응하는 아이, 교사보다는 또래 친구들에게 더 잘 배우는 아이를 인정하고 존중해 주는 개별화 학습을 강조합니다.

교육과정은 미래사회의 역량을 익히기 위해 디지털 기반으로 변화합니다.

이제 교사는 더 이상 지식을 말해 주는 사람이 아닙니다. 오히려 질문을 던지고, 답을 찾아가는 여정을 도와주는 사람입니다. 아이들은 나와 다른 생각을 토론으로 조율하고, 내가 궁금한 내용을 언제 어디서나 검색하며 배움에 참여합니다. '배움'이란 이제, 누군가에게 배우는 것을 넘어, 스스로 창조하는 역량을 의미하게 된 것이지요.

이런 변화는 교육과정에 그대로 투영됩니다. 국어 시간에는 정해진 교과서를 읽는 것보다는, 내가 읽고 싶은 책 속에서 생각을 말하고 나의 글을 창작하는 활동이 많아졌고, 수학은 수학적 원리를 탐구하는 과정이 더 중요해졌습니다. 과학은 실험을 통해 가설을 검증하고 새로운 원리를 발견하고, 사회는 나에서 세계로의 연결 고리를 찾아가는 과정으로 변화합니다.

또 하나 중요한 변화는 선택권의 확대입니다. 과거에는 모두가 똑같은 교과서를 똑같이 배우는 것이 당연했지만, 지금은 아이의 관심과 특성에 맞춰 '선택형 활동'이 늘고 있습니다. 지역사회와 연계한 공유학교, 프로젝트형 수업, 에듀테크(디지털 기반 학습도구)의 활용까지—학교는 더 이상 교실 안에 갇혀 있지 않습니다. 아이들은 배우는 주체로서 점점 더 많은 기회를 스스로 선택하고 결정하게 됩니다.

아이들의 변화 과정과 성장에 관심을 기울일 때 자녀에게 도움이 됩니다.

질문과
탐구가 있는 교육

"선생님, 이건 왜 그런 거예요?"

한 아이의 손이 조심스럽게 올라왔습니다. 예전이라면 '괜한 질문 말고 수업에 집중하라'고 했을지도 모릅니다. 하지만 요즘 교실은 그 질문 하나로 수업이 다시 시작되기도 합니다. 지금 교육은 더 이상 '설명하고 외우는 교실'이 아닙니다. 질문이 시작이 되고, 탐구가 배움이 되는 교실로 변하고 있습니다.

한때 우리는 정답을 빠르게 말하는 아이를 똑똑하다고 여겼습니다. 하지만 이제는 묻는 아이가 더 주목받습니다. "왜 그렇지?", "그럼 이런 건 어때?", "이 문제는 다른 방법으로 풀 수 없을까?"

이러한 질문은 단순한 호기심을 넘어, 사고력을 키우고 스스로 배우는 힘을 길러 줍니다. 탐구는 교사의 설명이 아니라 아이의 '궁금함'에서 시작될 때 비로소 진짜 배움이 됩니다.

질문과 탐구가 있는 교육은 지식이 어디에 쓰이며, 나에게 어떤 의미가 있는지를 묻는 교육입니다. 과학 시간에는 실험의 원리를 직접 검증하고, 사회시간에는 다양한 관점에서 토론하며 스스로 의견을 정리합니다. 국어 시간에는 교과서 속 글을 단순히 읽는 것이 아니라, 그 글이 내 삶과 어떤 연결이 되는지를 찾아보는 활동이 이루어집니다.

이러한 수업 속에서 아이들은 점점 수동적인 학습자가 아니라 능동적인 질문자가 됩니다. 교사는 답을 알려주는 사람이 아니라, 질문을 던질 수 있도록 돕는 안내자입니다. 교과서 중심에서 활동 중심으로, 암기 중심에서 사고 중심으로 교육이 바뀌는 지금, 가장 크게 달라지는 것은 바로 아이의 눈빛입니다. 자기가 직접 알아내고 이해한 것을 말할 수 있을 때, 아이는 배움을 진짜 자신의 것으로 받아들입니다.

물론 질문하고 탐구하는 수업은 더 많은 시간이 소요되고, 때로는 교실이 소란스럽기도 합니다. 하지만 그 과정에서 아이들은 협력하고, 실수하고, 다시 시도하면서 배우는 '과정 중심의 성장'을 경험합니다. 그리고 그 경험은 시험 점수로는 측정할 수 없는 깊은 학습의 뿌리를 만들어줍니다.

우리는 이제 아이들에게 단순히 '잘 외우는 능력'보다, 깊이 묻고 넓게 생각하는 힘을 길러주어야 합니다. 그것이야말로 미래사회가 진정으로 요구하는 힘이며, 삶 전체를 배움의 여정으로 만드는 힘입니다.

가정에서도 질문은 교육의 시작이 될 수 있습니다. "그게 왜 궁금했어?", "너는 어떻게 생각해?"라고 되묻는 순간, 아이의 사고는 한 뼘 더 자랍니다. 학교에서, 집에서,

아이의 질문이 꺾이지 않고 자라날 수 있도록, 우리 어른 들의 태도가 먼저 바뀌어야 할 때입니다.

질문은 배움의 문을 여는 열쇠이고, 탐구는 그 지식의 성을 든든히 쌓는 벽돌입니다. 오늘 한 아이의 엉뚱한 질문이 새로운 변화의 초석이 될 것입니다.

배움의 뿌리,
기초·기본 학력의 힘

　화려한 꽃을 피운 나무를 보면 우리는 꽃만 보며 감탄합니다. 그런데 정작 그 나무를 지탱하는 뿌리는 보이지 않습니다. 기초·기본 학력이란 바로 그런 뿌리입니다. 겉으로는 단순해 보일지 몰라도, 아이의 모든 배움과 성장을 떠받치는 가장 근본적인 힘이죠.

　요즘 교육은 빠르게 변하고 있습니다. 창의성, 문제해결 능력, 협업 능력 등 다양한 역량이 강조됩니다. 물론 모두 중요한 가치입니다. 그러나 그 모든 능력이 제대로 자라기 위해 반드시 먼저 갖춰져야 할 것이 있습니다. 바로 읽고, 쓰고, 이해하고, 계산하는 기본기입니다.

국어에서 문장을 정확히 읽고 내용을 이해하는 능력, 수학에서 덧셈·뺄셈을 정확히 계산하고 수 개념을 익히는 힘. 이것은 단지 시험 점수를 위한 것이 아닙니다. 생각하는 힘, 문제를 풀어내는 힘, 새로운 개념을 받아들이는 힘의 바탕이 되는 능력입니다. 기초가 흔들리면 그 위에 쌓는 모든 배움이 불안정해집니다.

실제로 학교 현장에서도 기초·기본 학력이 약한 아이들은 학년이 올라갈수록 자신감을 잃고, 수업에 흥미를 느끼지 못하며, 스스로를 '나는 못 하는 아이'라고 인식하게 됩니다. 그때 필요한 것은 조급한 보충이 아니라, 아이의 속도에 맞춘 반복 학습입니다.

기초학력은 결코 유행을 타지 않습니다. 시대가 바뀌어도, 기술이 발전해도, 한 아이가 배움을 통해 자신의 삶을 건강하게 설계하기 위해 꼭 필요한 원동력입니다. 오히려 정보가 넘치고 선택이 많은 지금 같은 시대에는, 이 기본

기가 더욱 중요해졌습니다. 기본이 있어야 올바른 판단도, 깊이 있는 탐구도 가능하니까요.

부모로서 우리는 '앞서가는 아이'를 만들고 싶은 마음에 다양한 교육 콘텐츠와 선행학습에 눈을 돌리기도 합니다. 그러나 먼저 돌아봐야 할 질문은 이것입니다.

"우리 아이는 지금 이 글을 정확히 읽고 있나요?"

"생각을 문장으로 말할 수 있나요?"

기초·기본 학력은 남보다 빨리 가는 도구가 아닙니다. 넘어지지 않고 끝까지 걸을 수 있는 체력입니다.

꽃을 피우는 시기는 다를 수 있지만, 뿌리가 건강한 아이는 결국 자기만의 꽃을 피워냅니다. 지금 그 뿌리를 단단히 다져 주는 일입니다.

배움과
에듀테크 기술

한 아이가 수학 문제를 풀다 멈췄습니다. 종이에 써 내려간 풀이 과정을 잠시 바라보다, 태블릿을 터치해 설명 영상을 다시 봅니다. 마치 교실 속 교사가 옆에 있는 듯, 아이는 다시 집중합니다. 조용한 공간에서 아이 혼자 공부하는 시간. 그런데 그 안에는 교사, 친구, 기술이 함께 어우러져 있습니다. 이것이 지금 교실에서 벌어지는 작은 혁신, 에듀테크의 장면입니다.

에듀테크(EduTech)는 단순히 기기를 사용하는 것이 아
닙니다. 기술을 통해 아이 한 명 한 명에게 더 맞춤형, 더

효과적인 배움의 기회를 제공하는 것입니다. 빠르게 이해하는 아이에겐 심화학습을, 천천히 따라오는 아이에겐 반복과 보강을, 스스로 질문할 수 있는 아이에겐 탐색과 확장의 기회를 열어 주는 힘이죠. 선생님 혼자 하기엔 벅찼던 그 섬세한 차이를, 기술이 조용히 메워 주고 있는 셈입니다.

요즘 교실에는 AI 기반 수학 진단 프로그램, 자기주도학습 앱, 피드백이 가능한 디지털 포트폴리오 등 다양한 도구가 활용되고 있습니다. 아이들은 단순히 스크린을 보는 것이 아니라, 기술을 통해 자신이 무엇을 모르는지 깨닫고, 어떻게 더 잘 배울 수 있을지를 탐색하고 있습니다.

하지만 무엇보다 중요한 건, 에듀테크는 '기술이 중심'이 아닌, '사람이 중심'이라는 점입니다. 기술은 교육을 확장시키는 역할을 합니다.

디지털 시대의 아이들은 디지털 문해력(digital literacy) 없이 미래를 살아가기 어렵습니다. 정보를 비판적으로 바라보고, 구조화하고, 표현하고, 공유하는 능력이 필요합니다. 에듀테크는 이러한 역량을 자연스럽게 키우는 새로운 배움의 언어가 되고 있습니다.

물론 기술에는 한계도 있습니다. 화면에만 의존하는 학습이 깊이 있는 사고의 흐름을 제약할 수 있고, 관계와 정서적 교류가 줄어들 수 있습니다. 그렇기에 더욱 중요한 것은 기술을 '어떻게 잘' 쓰느냐입니다. 교사와 부모가 아이 옆에서 그 균형을 함께 고민하고 조율해야 하는 이유이기도 합니다.

에듀테크는 단지 새로운 학습 도구가 아닙니다. 아이 한 사람 한 사람의 배움이 다르고, 그 다름을 존중해야 한다는 철학이 기술을 통해 구현되고 있는 것입니다. 그 철학을 바탕으로 기술이 따뜻하게 쓰일 때, 교실은 더 넓어지고, 아이의 가능성은 더 성장합니다.

맞춤형 교육,
생동감 있는 교육

예전에는 교실에서 배움이 전부였습니다. 선생님이 가르쳐 주는 것이 '지식'이고, 교과서에 있는 것이 '정답'이었죠. 그러나 지금의 아이들은 훨씬 더 넓은 세상을 배움의 장으로 삼고 있습니다. 배움은 이제 교실 안에만 머물지 않습니다. 선택하고, 연결하고, 스스로 찾아가는 교육이 시작되고 있습니다.

요즘 교육에서 가장 주목받는 변화 중 하나는 학생의

학습 선택권입니다. 더 이상 모든 아이가 똑같은 시간에, 같은 내용을, 같은 방식으로 배워야만 하는 시대는 아닙니다. 아이마다 관심과 재능이 다르고, 성장의 속도도 다른데, 어찌 같은 교과서 한 권으로 모든 배움을 채울 수 있을까요?

선택권이란 단순히 '이 수업을 들을지 말지'를 결정하는 것이 아니라. 무엇을, 어떻게 배우고 싶은지를 고민하게 만드는 힘입니다. 내가 배우고 싶은 배움은 시간이 가는 줄을 모르고 몰입하게 됩니다. 그 속에서 아이는 배우는 즐거움을 알아갑니다.

이런 교육적 흐름에서 중요한 것은 배움의 공간이 학교 밖으로 향해야 한다는 것입니다. 지역사회의 자원을 공유하여 서로 다른 학교 학생들이 학교의 담장을 넘어 공통의 프로젝트를 수행하는 세상에서 가장 큰 학교를 만들어가는 것을 지향해야 합니다. 이것이 경기도 교육청에서 정책사업으로 추진하는 지역 협력에 기반을 둔 '공유학교'의 철학입니다.

예술 공연장에서 음악을 배우고 생태공원에서 서식하

는 새의 모습을 관찰하는 것이 아이가 살아가야 할 삶의 의미를 배우는 소중한 교육입니다.

학교 밖 배움은 아이의 현실적인 삶과 연결됩니다. 우리 동네 시장에서 로컬푸드를 이해하고, 정보 시간에 배운 코딩으로 아이들과 게임을 즐기며, 국어 시간에 만든 대본으로 웹툰을 제작하여 SNS에 공유하는 경험은 지식과 삶을 이어 주는 다리가 되어 줍니다. 학교 밖 학교는 배워야 삶이 즐겁다는 것을 익히게 되는 무한한 가능성의 공간이 되어 줍니다.

물론 부모님들은 걱정하시기도 합니다. "교실 밖 배움이 될까?", "입시에 방해가 되지 않을까?" 하지만 시험을 위한 교육만으로, 미래인재로 성장할 수 있을까요?

지금 우리는 대학 입시보다 중요한 것이 있다는 것을 가르쳐야 할 때입니다. 더 나은 삶과 좋은 어른으로 성장하기 위해 나의 길을 선택하는 힘, 다른 사람과 함께 살아가는 힘, 더 나은 미래를 꿈꾸는 힘 말입니다.

아이에게 배움의 학습 선택권과 주도권을 주는 일은, 단순한 자유를 넘어, 아이의 삶 전체를 배움으로 연결하는 문이 됩니다. 그 배움의 문은, 교육 패러다임의 변화를 받아들이는 부모의 열린 생각에서 비롯됩니다.

수업의 변화

교육의 진정한 효과와 결실은 현재가 아닌 미래에 나타납니다. 따라서 교육은 그 자체가 미래지향적입니다.

선생님의 말을 잘 듣는 아이가 공부를 잘하는 아이일까요?

수업 중 한 아이가 말합니다. "선생님, 저는 그렇게 생각하지 않아요!"

그 말은 수업의 변화를 만드는 순간입니다. 수업은 교

과 간 경계를 넘나드는 융합 교육이어야 합니다. 미술과 과학이 만나고, 사회 시간을 통해 사회의 문제를 찾아보고, 정보 시간을 통하여 현실 문제를 해결할 수 있는 프로젝트형 학습이 자리를 잡았습니다. 배움은 점점 더 복합적이고, 살아 있는 형태로 아이들 앞에 펼쳐지고 있는 것이지요.

여기에 에듀테크의 활용은 현실의 문제점을 수업 현장에서 해결할 수 있는 큰 축을 담당하고 있습니다. 인공지능 기반 학습 도구, 디지털 포트폴리오, 실시간 피드백 앱 등은 배움이 삶의 현장이 되는 학생 맞춤형 교육을 실현합니다.

무엇보다 중요한 변화는 교육의 철학입니다. 아이의 의미 있는 체험은 깊이 있는 수업으로 연결되어 삶을 구성하는 축이 됩니다.

부모가 할 일은 단순합니다. 입시를 위한 학원보다는 부모님과, 또는 선생님이 함께하는 경험이 더 의미 있고 중요하다는 시선을 갖는 것, 그것이 학교의 배움을 이해하는 첫걸음이 될 것입니다.

요즘 초등교육은 내가 아는 생각을 다른 생각으로 전환시킬 수 있는 역량을 배우는 곳입니다.

수업 중 한 아이가 말합니다. "선생님, 저는 이렇게도 생각해 봤어요."

그 말이 수업을 멈추는 것이 아니라, 수업을 시작하게 만드는 순간이 됩니다.

과거에는 교과서가 수업의 전부였다면, 이제는 아이의 생각과 질문이 수업의 중심이 됩니다. 국어 시간에는 답을 고르기보다 글의 흐름을 바꾸어 보고, 수학 시간에는 문제를 풀고 나서 '왜 그렇게 풀었는지'를 설명합니다. 정답보다 사고의 흐름과 과정, 문제해결의 태도가 더 중요해졌습니다.

또한 수업은 교과 간 경계가 허물어지고 융복합 수업을 전개하고 있습니다. 음악적 요소와 과학적 요소, 미술적 요소가 결합한 프로젝트형 학습이 확산되고, 온 오프라인과 가상세계를 결합한 학습이 확산되고 있습니다. 학습이 더 융합적 학습으로 변화되고 있습니다.

에듀테크의 활용도 아이들의 수준에 맞춰 개별 학습을

가능하게 도움을 줍니다.

교사는 아이를 삶의 주체로 바라보고 함께 배우며 조력하는 배움의 동반자가 되어 가고 있습니다.

부모 세대가 경험한 학교와는 완전히 다른 환경과 교육 방법에서 아이들은 성장하고 있습니다.

이러한 시대에 학부모가 해야 할 일은 단순합니다.

"예전엔 안 그랬는데…."라는 말 대신, 교육 변화에 관심을 갖는 것, "이제 이렇게 배우는구나"라는 시선을 갖는 것.

그 시선이 아이의 배움을 이해하는 첫 발걸음이 될 것입니다.

PART
3

부모와 함께
걷는 교육

세상은 빨리 변하고 있습니다. 아이가 자라날 미래는 우리가 한 번도 살아 보지 않은 세상입니다. 인공지능, 기후 위기, 디지털 전환, 인구 감소…. 그 모든 거대한 변화 속에서 아이들은 오늘도 작은 책가방을 메고 학교에 다닙니다.

하지만 이제 부모의 역할은 단순한 조력자가 아닙니다. 앞서 끌어 주는 사람도 아닌, 옆에서 함께 걸어 주는 동반자가 되어야 합니다.

자녀의 미래를 준비하는 부모는 자녀 스스로 해법을 찾아 나서도록 돕는 사람입니다. "이렇게 해"라고 말하기보다 "넌 어떻게 생각해?"라고 물어볼 줄 알고, 결과보다 과정을 응원하며, 실수를 나무라기보다 도전한 용기를 인정해 줄 수 있는 사람 말이지요.

또한 부모는 삶의 본보기가 되는 존재입니다. 어떤 가치로 사는지, 실패를 어떻게 받아들이는지, 타인을 대하는 태도는 어떤지를 통해 아이는 '삶을 배웁니다'. 말로 가르치기보다 삶으로 보여 주는 교육이 부모에게 주어진 가장 깊은 교육력입니다.

부모는 교육 전문가일 필요는 없습니다. 대신 아이를
신뢰하고 기다릴 줄 아는 용기, 그리고 배움을 함께 기뻐
할 줄 아는 따뜻함이면 충분합니다. 그 두 가지가 있다면,
어떤 변화도 아이와 함께할 수 있습니다.

타고난 재능
vs
노력

"우리 아이는 타고난 재능이 없는 것 같아요."

부모들은 아이가 무언가에 조금 더디거나 쉽게 포기할 때 이런 말을 자주 합니다. 마치 재능이 전부인 것처럼, 마치 그것이 정해진 운명인 것처럼요.

하지만 정말 그럴까요?

재능은 분명 존재합니다. 어떤 아이는 한 번 들은 멜로디를 정확히 따라 부르고, 어떤 아이는 수를 감각적으로 다루며, 또 어떤 아이는 낯선 공간에서도 그림처럼 풍경을 기억해 냅니다. 그럴 때 우리는 "저 아이는 타고났어"라고 말하곤 합니다. 그리고 우리 아이는? 그 옆에 비교되며 조용히 움츠러듭니다.

하버드 심리학자 안젤라 더크워스는 '그릿(Grit)', 즉 끈기와 열정이 재능을 이기는 결정적 요인이라고 말했습니다.

재능은 빠르게 출발할 수 있는 힘일 수는 있어도, 끝까지 나아가게 해 주는 연료는 되지 못합니다. 꾸준히 연습하고, 실패를 견디며, 반복해서 도전하는 태도야말로 아이의 성장을 진짜 이끄는 힘입니다.

어릴 적부터 천재로 불렸던 사람들조차, 수많은 반복과 실패의 시간을 거쳐야 진짜 자기 자리를 찾아갑니다. 모차르트조차 수백 곡을 작곡하며 점점 성숙해졌고, 마이클 조던 역시 수천 번의 실패 슛을 통해 전설이 되었습니다. 재능은 씨앗일 뿐, 그것을 꽃으로 피우는 것은 오직 '노력'이라는 물과 햇빛입니다.

여기서 부모의 역할이 중요해집니다. 우리는 아이가 무엇을 잘하는지를 알아보려 애쓰기보다, 무엇을 오래 좋아하고, 꾸준히 해낼 수 있는지를 지켜봐야 합니다.

그리고 아이가 넘어졌을 때 "한 번 더 해보자. 이번엔 조금 다르게"라고 말해 주는 부모가 되어야 합니다.

아이에게 필요한 것은 완벽한 출발선이 아닙니다. 할 수 있다는 믿음과, 옆에서 함께 걸어 주는 부모입니다.

재능은 운명처럼 주어지는 것이지만, 노력은 선택할 수 있는 삶의 방식입니다.

그리고 그 선택이 쌓일 때, 아이는 어느새 '재능 있는 사람'으로 자라나게 됩니다.

자녀 재능
발견하기

"우리 아이는 특별한 재능이 없는 것 같아요."

많은 부모가 말합니다. 주변엔 수학을 잘하는 아이, 글을 멋지게 쓰는 아이, 악기를 능숙하게 다루는 아이들이 눈에 들어옵니다. 그 속에서 우리 아이는 너무 평범해 보이고, 때로는 아무것도 잘하지 못하는 것처럼 느껴지기도 합니다.

하지만 기억해야 할 것이 있습니다. 모든 아이는 각자

의 방식으로 특별하고, 모든 재능은 반드시 눈에 띄는 모습으로 자라나는 것은 아닙니다.

어쩌면 조용히 관찰하고 있는 그 시선, 친구를 먼저 챙기는 따뜻한 마음, 실패에도 다시 도전하려는 고집스러움—그 속에 이미 빛나는 씨앗이 숨어 있는지도 모릅니다.

자녀의 재능을 발견하기 위한 첫 번째 방법은 '관찰'입니다.

부모는 자녀와 가장 가까이 있는 사람입니다. 그렇기에 아이가 무엇을 오래 들여다보는지, 어떤 놀이에 몰입하는지, 시간을 잊고 빠져드는 것이 무엇인지 지켜볼 수 있는 유일한 존재이기도 하죠. 성적이 아닌 표정에 주목하고, 결과가 아닌 과정을 바라볼 때, 아이의 관심과 기질이 천천히 드러납니다.

두 번째는 다양한 경험을 열어 주는 것입니다.

아이에게 책, 악기, 운동, 미술, 자연, 동물, 사람… 가능한 한 넓은 세상을 보여 주세요. 재능은 경험과 접촉점 속에서 깨어납니다. 자녀가 가장 좋아하는 것, 어떤 경우에 가장 적극적인지, 어떤 면에 재능 있는지 직접 해 보지 않으면 알 수 없습니다. 모든 체험이 적성에 맞을 필요는 없습니다. 중요한 건 시도해 보는 과정에서 자기 자신을 발견하는 기회를 갖는 것입니다.

그리고 마지막, 가장 어려우면서도 가장 중요한 것은 '기다림'입니다.

재능은 성적처럼 즉각적으로 드러나지 않습니다. 가끔은 돌아가기도 하고, 때론 아주 늦게 꽃을 피우기도 합니다. 그렇기에 조급함 대신 믿음이 필요합니다. "이 아이는 분명 무언가를 가지고 있다"는 믿음, "아직 찾지 못했을 뿐"이라는 여유 있는 기다림이 필요합니다.

아이의 재능은 부모가 만드는 것이 아니라, 부모의 시선 안에서 발견되는 것입니다.

재능은 단지 잘하는 무언가가 아닙니다. 그것은 아이가 즐겁게 참여하고, 실패를 견디며, 스스로 기뻐할 수 있는 영역입니다.

3

자기주도적 학습의 중요성

✦

자기주도적 학습이란 자신의 배움에 책임을 지는 태도이고, 무엇을 왜 배우는지에 대한 이해를 바탕으로 계획하고 실천하는 힘입니다. 시간 관리를 스스로 하고, 어려움을 만났을 때 포기하지 않고 방법을 찾으며, 목표를 스스로 설정하는 아이.

그런 아이는 어떤 시험이나 과제보다, 인생이라는 더 큰 프로젝트를 해낼 수 있는 사람이 됩니다.

특히 미래사회는 변화의 속도가 빠르고, 정답이 정해져 있지 않습니다.

어떤 지식이든 금세 낡고, 배움은 평생 이어져야 합니다. 그러니 어릴 때부터 누군가에게 배우기보다 스스로 배우는 연습을 해 온 아이가, 결국엔 변화에 흔들리지 않는 자기만의 기준을 가지게 됩니다.

자기주도성은 타고나는 능력이 아니라, 길러지는 습관입니다.

부모가 조금씩 아이에게 선택권을 주고, 계획을 함께 세우며, 실수했을 때도 다시 시도할 기회를 주는 과정에서 아이는 '자기주도성'을 배웁니다.

스스로 질문하고, 자료를 찾아보며, 자신만의 방식으로 정리하는 경험이 쌓일수록, 자녀는 자기주도적 학습을 할 수 있는 능력을 갖게 되며 인생이라는 더 큰 프로젝트를 해낼 수 있는 사람이 됩니다.

4

가장 오래된
교육의 힘 독서

✦

자기주도 학습의 기반은 생각보다 오래되고 익숙한 도구에서 시작됩니다. 바로 '인문학적 경험'입니다. 무엇보다 독서는 아이의 사고력을 키우는 가장 강력하면서도 본질적인 힘입니다.

한 권의 책을 읽으며 아이는 문장 너머의 의미를 해석하고, 맥락을 파악하며, 자기만의 생각을 가지게 됩니다. 그리고 그 과정은 자연스럽게 '생각하는 습관'을 만들어 줍니다.

이것이 바로 학습자의 주도성을 지탱하는 근본입니다. 인터넷 검색보다는 문학작품을 읽는 것이 '해석하고 다르게 연결하는 것'으로 나아가게 만듭니다. 그 차이는 사고력의 깊이입니다. 빠르고 얕은 정보 속에서 길을 잃기 쉬운 아이들에게, 인문학적 경험은 생각의 뿌리를 내리게 합니다.

그리고 또한 다양한 감정과 상상력을 무한히 펼칠 수 있는 감성을 키워 줍니다. 문학 속 인물에 감정 이입하고, 자기와 다른 시선을 만나며, 아이를 더 깊은 사람으로 자라게 만듭니다.

그래서 미래사회가 요구하는 '창의적이고 공감하는 인재'의 시작점 역시 인문학적 경험에 있다는 말은 백번 강조해도 지나치지 않습니다.

PART
4

미래의
핵심 역량은
인성과 협업

아이들은 지금보다 더 기술적이며 복잡하고 다양한 사람들과 만날 수 있는 사회에 살고 있습니다. 인공지능이 함께 일하고, 사람 대신 기계가 판단하며, 누구와도 연결될 수 있는 세계 속에서 살아갈 아이들. 정보 기계화가 일상화되면서 어쩌면 더 깊은 인간다움을 요구하는 사회일지도 모릅니다.

그렇다면, 미래를 살아갈 자녀를 키우는 부모로서 우리는 무엇을 해야 할까요? '명문대학?', '영어?', '스펙?'

물론 모두 중요하지만, 가장 갖추어야 할 것은 따로 있습니다. 바로 삶을 대하는 태도, 사람과 어울리는 힘, 그리고 자기 자신을 조절하는 능력입니다.

이것이 학교 '생활지도'의 핵심이며, 미래를 살아갈 아이들에게 학교가 잘 가르칠 수 있는 영역입니다. 따라서 친구들 간의 다툼과 갈등을 해결해 주려고 하지 마십시오. 이들은 그 안에서 규율을 익히고, 조절하는 법을 배우도록 기다리는 것이 필요합니다.

미래는
지식보다 태도

미래사회는 많이 아는 사람보다 다양한 경험을 가진 사람을 원합니다.

혼자 잘하는 아이보다 함께 일하고, 갈등을 해결하고, 감정을 조절할 줄 아는 아이가 진짜 경쟁력을 갖는 시대가 오는 것입니다.

결국 아이가 사회에 잘 적응하기 위해 필요한 것은 사회성과 자율성, 그리고 자기 조절력입니다.

이러한 능력은 교과서가 아니라 일상 속 생활습관과 관계 맺기에서 자랍니다.

제시간에 일어나고 스스로 준비하며 실수했을 때 책임지는 태도, 친구와 갈등이 생겼을 때 사과하고 용서를 구하는 용기, 감정이 북받쳐도 상대를 배려하고 스스로를 다스리는 힘.

이 모든 건 하루하루의 삶 속에서 길러지는 '인성의 기반'입니다. 그리고 그것을 키워 주는 존재는 교사보다 먼저, 바로 부모입니다.

아이의 자율성은 자기 행동에 책임질 줄 아는 태도를 전제로 함께 가야 합니다.

부모의 자녀 생활지도는 신뢰를 함께 만드는 과정이어야 합니다.

자녀 지도 시 본인의 행동에 대해 돌아보고, 스스로 판단하게 만드는 대화법이 중요합니다.

아이들의 잘못된 행동과 습관에 대해 스스로 판단하고 개선할 수 있는 발문과 기다림이 무엇보다 중요합니다.

"왜 아직 안 했어?"라고 하기보다, "네 계획은 뭐였니?"라는 질문으로 생각하게 만드는 질문을 하는 것이 중요합니다.

그러므로 부모는 매 순간 "지금 이 생활이 어떤 사람으로 아이를 자라게 할까?"를 염두에 두고, 지속적으로 말하고, 보여 주고, 때로는 기다리는 지도를 해야 합니다.

관계 맺기 연습이
미래 역량

미래는 혼자 일하지 않습니다. 협업, 소통, 공감은 필수 능력이 됩니다. 하지만 놀랍게도, 이런 능력은 시험이나 학원에서 배우기 어렵습니다.

그 시작은 아이의 첫 번째 사회인 '가정'에서의 관계 맺기부터 시작됩니다.

"부모가 아이와 대화할 때 존중의 언어를 쓰는가?"

"실수를 지적하기보다 감정을 먼저 공감해 주는가?"

"형제간 갈등이 생겼을 때, 부모가 조정자가 되어주고 있는가?"

이런 장면 하나하나가, 아이가 사람을 어떻게 대하고, 감정을 어떻게 다루며, 세상과 어떤 방식으로 연결될지를 결정짓는 훈련장이 됩니다.

또한 친구 관계에서 생긴 문제를 부모가 대신 해결하려 들기보다, 어떻게 말할지, 어떻게 사과할지, 어떤 선택이 더 좋은지를 함께 고민해 주는 것이 훨씬 중요합니다.

아이에게 문제와 함께 성장하는 경험을 선물해 주는 일이죠.

생활지도는 가르침이 아니라 삶을 함께 살아 주는 일입니다.

매일 아침 인사하고, 책가방을 정리하고, 저녁에 오늘 하루 어땠는지를 묻는 작은 순간들.

그것이야말로 미래를 준비하는 가장 확실한 교육입니다.

지금 우리 아이에게 필요한 건 조금 덜 완벽한 부모, 하지만 진심으로 곁에 있는 부모입니다.

실패했을 때 나무라기보다 다시 시도할 수 있는 용기를 주는 사람. 감정이 엉켜도 끝까지 이야기해 줄 거라 믿을 수 있는 사람. 세상이 흔들려도 돌아올 수 있는 따뜻한 집이 되어 주는 사람.

가정에서의 생활교육이란 결국 아이에게 삶을 살아가는 방식을 알려 주는 일입니다. 내가 누구인지 알고, 다른 사람과 어울릴 줄 알며, 삶을 설계하고 문제를 스스로 결정하며 해결할 수 있도록 도와주는 일입니다.

갈등은
성장의 언어

"얘가 학교에서 친구랑 싸웠대요. 혹시 문제 되는 건 아닐까요?"

"이거 학폭으로 접수되는 거 아닌가요?"

요즘 학교에서는 친구끼리의 작은 말다툼조차도 '학교폭력'이라는 단어 아래 놓이며, 부모와 교사 모두 긴장하게 됩니다. 물론, 아이의 안전과 권리를 지키기 위한 법과 제도가 필요한 건 분명합니다. 하지만 자녀를 위해 생각해야 할 것이 있습니다.

학생 간 갈등은 '처벌'의 문제가 아니라, '배움'의 기회일 수 있다는 사실입니다. 초등학생에게 갈등은 어쩌면 인간관계를 처음으로 '실전처럼' 겪는 훈련장입니다.

놀다 보면 생기는 오해, 줄을 서다 벌어지는 신경전, 장난이 과해져 생기는 충돌.

이 모든 경험은 아이가 단순히 싸웠다는 한 줄로 정리할 수 없는, 관계에 대한 생생한 학습입니다.

중요한 건, 아이가 갈등을 '하지 않게' 키우는 것이 아니라, 갈등을 통해 '어떻게 사람과 관계 맺을지를 배우게' 하는 것입니다. 갈등이 생겼을 때 왜 그런 감정을 느꼈는지 말해 보고, 상대의 입장도 들어보며, 어떻게 다시 관계를 이어갈 수 있을지를 고민하는 과정.

이 과정이야말로 학교라는 작은 사회가 아이에게 줄 수 있는 가장 현실적인 시민 교육입니다. 요즘 많은 갈등 상황이 바로 '학폭법' 아래 놓이며, 문제의 초점이 누가 가해자이고 피해자인가에만 머무는 경우가 많습니다. 물론 반복적이고 고의적인 괴롭힘은 분명히 분리하고 조치해야 합니다. 그러나 일회성의 말다툼, 오해, 실수에서 비롯된 감정 충돌까지 모두 '가해와 피해'로 나뉘는 순간, 아이는 스스로를 보호하기보다 감정을 숨기고, 입장을 고정시키는 법만 배워 버립니다.

우리가 아이에게 정말 가르쳐야 할 것은 그것이 아닙니다. 내가 누군가를 불편하게 만들었을 수 있다는 생각, 그리고 누군가의 실수도 받아들일 수 있는 용기를 가진 아이는 사회 속에서 건강하게 관계 맺는 법을 배웁니다. 단순한 처벌보다, 서로의 감정을 말하고 듣고 이해하는 대화를 통해 관계를 회복하고 다시 함께 살아갈 수 있는 길을 찾는 것.

이것이야말로 진짜 어른으로 자라는 연습입니다. 부모에게 주어진 역할은 아이의 얘기를 들어주는 것, 감정을 단정하지 않고 "어땠어?", "그때 무슨 생각이 들었니?"라고 물어 주는 것입니다.

그리고 상대 아이에 대해서도 "그 친구는 어떤 마음이었을까?"라고 함께 상상해 보는 것입니다.

이 짧은 대화 하나가, 아이의 관계 인식을 바꾸고, 회복의 첫걸음이 될 수 있습니다.

우리는 결국 모두 사람 사이에서 살아갑니다. 그리고 아이는 지금, 그 연습을 하는 중입니다. 갈등은 아이가 누군가와 함께 살아가기 위해 겪는 필수적인 과정입니다.

그걸 싸움이라 부르기보다, 성장의 언어라고 불러주는 세상이 되기를 바랍니다.

협업은
미래의 핵심 역량

우리는 흔히 묻습니다. "너는 뭐가 되고 싶니?"

하지만 미래사회가 아이들에게 던지는 질문은 조금 다릅니다.

"너는 누구와 함께 어떻게 일할 수 있니?"

앞으로의 세상은 '똑똑한 사람'보다, '함께할 수 있는 사람'을 더 원하게 될지도 모릅니다.

기술은 빠르게 발전하고, 인공지능이 많은 문제를 스스

로 해결하는 시대에, 인간만이 할 수 있는 일은 점점 분명해지고 있습니다. 그중 하나가 바로 '협업'입니다.

서로 다른 생각을 모으고, 갈등을 조율하고, 함께 결과를 만들어 내는 힘. 이것은 학교 시험으로는 측정할 수 없지만, 현실에서는 꼭 필요한 역량입니다. 아이들이 성장하면서 부딪히는 친구 관계, 역할 분담, 놀이 속 규칙 만들기 등이 모든 것이 협업의 기초입니다. 자신의 생각만 고집하던 아이가 다른 친구의 아이디어를 받아들이고, 서운한 마음이 들었지만, 팀을 위해 조율하며 다시 손을 맞잡는 과정.

바로 그 순간, 아이는 자신만으로는 해낼 수 없는 세계에 다가서고 있는 것입니다. 협업은 단순히 일 잘하는 사람을 찾는 것이 아니라, 다름을 인정하고, 함께 성장할 줄 아는 사람을 길러내는 일입니다.

그리고 그 시작은, 교실 속 모둠 활동이나 작은 팀 프로젝트에서부터 시작됩니다. 하지만 협업은 결코 쉬운 일이 아닙니다. 내가 옳다고 믿는 걸 잠시 내려놓아야 하고, 때로는 의견 충돌을 견디며 타협해야 합니다.

그래서 협업은 지식이 아니라 인성의 훈련장이기도 합니다.

배려, 경청, 책임감, 인내, 협업은 이 모든 가치를 자연스럽게 익히는 가장 실제적인 과정입니다. 부모로서 우리가 해 줄 수 있는 것은, "결과가 어땠니?"보다 "어떻게 함께했니?", "혼자 했니?"보다 "누구와 어떤 역할을 나눴니?"라는 질문을 던지는 일입니다.

함께한 경험을 존중해 주는 대화 속에서, 아이는 협업의 의미를 삶으로 느끼게 됩니다.

미래는 결코 혼자 살아갈 수 없는 시대입니다. 그 미래를 준비하는 지금, 아이가 배워야 할 가장 오래가고 깊이 있는 역량은 바로, 서로를 존중하며 함께 길을 만드는 능력, 즉 협업입니다.

아이의 손은 아직 작지만, 그 손으로 누군가와 함께 무언가를 만드는 기쁨을 알게 된다면, 그 아이는 이미 미래의 주인공이 될 준비를 시작한 것입니다.

미래는 지식으로만 살아갈 수 없습니다. 그 미래를 살아갈 아이에게 가장 필요한 힘은, 삶을 조율하는 능력, 사람과 연결되는 힘, 자기를 다스리는 습관입니다.

그 첫걸음은 지금 이 순간, 부모가 아이의 일상에 어떻게 반응하느냐에 달려 있습니다.

아이의 미래는 오늘을 어떻게 살아가느냐로부터 시작됩니다.

그 오늘을 함께 하는 부모님이 있기에, 아이는 조금씩 단단한 사람으로, 건강한 사회인으로 자라 가고 있습니다.

PART
5

공감에 기초한
자녀와 학교와의
소통

"그냥."

"무슨 일 있었어?"

"아니."

대화를 시작하고 싶지만, 자녀와의 문이 쉽게 열리지 않아 답답했던 경험, 아마 대부분의 부모가 공감할 겁니다.

아이와 잘 지내고 싶은 마음은 크지만, 어느새 서로 말수가 줄고, 표정도 어색해지고, 그저 생활만 함께하는 관계가 되어가는 걸 느낄 때… 우리는 스스로에게 묻습니다.

"어디서부터 잘못된 걸까?"

지금 이 순간, 아이의 마음을 다시 열기 위해 필요한 건 새로운 정보도, 특별한 기술도 아닙니다.

필요한 건 단 하나, 진심 어린 '공감'과 '소통'의 용기입니다.

아침마다 책가방을 메고 학교로 향하는 아이의 뒷모습을 바라보며, 부모는 많은 것을 느낍니다. 설렘도, 걱정도, 기대도. 하루하루가 아이의 미래로 이어지는 과정이기에,

아이가 학교에서 어떻게 지내고 있는지, 무슨 어려움을 겪고 있는지 궁금한 건 너무도 자연스러운 일입니다.

그런데도 우리는 학교를 멀게 느낍니다. 선생님에게 연락하는 것이 조심스러워지고, 담임과의 대화는 '불편한 일'이 생겨야 비로소 시작됩니다.

하지만 아이 한 명을 진심으로 키우기 위해서, 학교와 가정은 하나의 공동체여야 합니다. 그리고 그 공동체를 잇는 다리가 바로 생산적 소통입니다. 아이의 바람직한 성장을 위해 학교와 함께 키우고, 고민도 함께 나누는 마음이 필요합니다.

공감과
소통하는 부모

많은 부모가 아이의 말을 듣고 이렇게 반응합니다.

"그건 네가 잘못했네."

"그래서 내가 뭐랬어?"

"그냥 신경 쓰지 마."

모두 아이를 위하는 말입니다. 조언이고 충고입니다.

그런 말을 들은 아이는 말없이 등을 돌립니다. 왜일까요?

그건 아이가 원하는 것이 해결이 아니기 때문입니다.

아이의 입장에 서 보려는 마음, 그게 바로 공감의 시작입니다. 예를 들어, 아이가 "친구와 다툼이 있었어"라고 말할 때 "누가 잘못했어?" 대신, "그때 너는 어떤 기분이었어?"라고 물어보는 것.

말의 옳고 그름보다 그 말이 나오기까지의 감정과 맥락에 귀 기울이는 일. 그럴 때 아이는 마음속 문을 조금씩 열게 됩니다.

공감은 '그럴 수 있지'라는 말 하나에서 시작됩니다.

바꾸려 하지 않고, 판단하지 않고, 그냥 그 마음을 잠시 같이 느껴 주는 태도. 공감은 정답을 주는 일이 아니라, "너의 감정을 내가 존중해"라고 말하는 비언어의 대화입니다.

부모와 아이 사이에서 대화가 자주 막히는 이유는, 서로 다른 언어로 말하고 있기 때문입니다. 부모는 경험으로, 아이는 감정으로 말합니다. 부모는 결과를 보지만, 아이는 과정을 이야기합니다. 그러니 같은 상황을 두고도 전혀 다른 반응이 나오는 겁니다.

소통이란 그 다름을 인정하는 데서 시작됩니다. 부모가 아이에게 자꾸 말하게 하려 하기보다, 먼저 아이가 어떤 방식으로 말하고 싶은지를 살펴보는 일. 말로 이야기하지 않아도, 표정과 행동 속에 감정이 묻어 있습니다.

그것을 알아차릴 수 있는 눈이 '듣는 능력'입니다. 때로는 질문 대신 침묵이, 설명 대신 눈 맞춤이 더 깊은 소통이 될 수 있습니다. 아이의 말이 끝날 때까지 기다리는 침묵,

그 안에서 아이는 "나를 진심으로 이해하는구나"를 느낍니다.

그 감정 하나가, 소통을 이어 가는 힘이 됩니다.

2

마음을 여는
부모

소통은 말의 기술이 아닙니다.

부모의 말투, 표정, 눈빛, 듣는 태도 그 자체가 아이의 마음을 여는 열쇠입니다.

예를 들어,

"또 그랬어?"라는 짧은 말에 담긴 짜증이 아니라, "무슨 일이 있었는지 궁금해."라는 말의 따뜻함이 아이의 감정을 지키고 자존감을 키웁니다.

중요한 건 한두 번의 대화가 아닙니다. 일관된 태도, 반복되는 존중, 예측 가능한 따뜻함, 그것이 아이로 하여금 마음을 열게 만듭니다. 부모와의 소통 경험은 아이의 내면에 깊이 새겨집니다. 자신을 존중받았다고 느낀 아이는 다른 사람과의 관계에서도 건강하게 자신을 표현할 수 있습니다.

공감받은 아이는 다른 사람의 아픔을 공감할 수 있고, 마음을 들여다본 경험이 있는 아이는 타인의 마음도 헤아릴 수 있습니다.

공감과 소통은 특별한 대화 기술이 아니라, 아이를 향한 삶의 태도입니다. 마음을 열라고 하기 전에, 먼저 내가 마음을 열었는지 돌아보는 것. 아이에게 말하라고 하기 전에, 내가 아이의 말을 들을 준비가 되었는지 묻는 것. 그것이 공감이고, 그것이 소통입니다.

자녀와의 관계는 하루아침에 바뀌지 않습니다. 하지만 진심으로 다가가려는 부모의 노력은 아이의 마음에 천천히 닿습니다. 오늘 아이에게 조금 더 부드러운 눈으로, 한 걸음 느린 대화로 다가가 보세요. 아이의 닫힌 마음에도, 당신의 따뜻한 말이 전해질 겁니다.

3

학교는
부모와 동반자

학교는 아이의 삶에서 집 다음으로 오랜 시간을 보내는 공간입니다. 교사는 지식을 전달하는 데 그치지 않고, 아이의 정서, 관계, 태도까지 함께 키우는 삶의 안내자입니다. 그리고 부모는 아이의 가장 가까운 관찰자이자 보호자입니다.

이 두 존재가 서로 단절된 채 각자의 방식으로 아이를 이끌 때, 아이는 혼란을 겪습니다. 학교에서는 "스스로 해

보자"라고 배우고, 집에서는 "왜 빨리 못 했니?"라는 재촉을 듣는다면, 아이는 기준을 잃고 갈팡질팡할 수밖에 없습니다.

그러나 학교와 가정이 같은 방향을 바라볼 수 있다면, 아이는 두 배의 힘과 지지를 받으며 성장할 수 있습니다. 그래서 필요한 것이 바로 서로에 대한 신뢰, 그리고 건강한 소통입니다.

수빈이 아버님…

대부분의 부모-교사 간 소통은 학생과 교육에 대한 다른 생각에서 비롯됩니다. 친구와 갈등이 생겼을 때 소통이 필요하지만, 자칫 자녀 중심의 '문제를 해결하는 통로'로만 이어질 때, 소모적이고 일방적으로 이루어집니다.

더 나은 결과를 낳는 생산적인 소통은 문제가 없을 때도 이어지는 지속적인 소통의 관계입니다. 아이의 작은 변화에 공감하고 함께 고민하고, 함께 기뻐하는 관계와 의미의 소통 말입니다.

이처럼 일상의 조각을 나누는 대화 속에서 신뢰는 쌓이고, 갈등 상황에서도 서로의 입장을 열린 마음으로 공감할 수 있는 관계가 만들어집니다.

학교는 가정의 삶의 방식과 상황을 이해하고, 가정은 학교의 교육 철학과 방식을 존중하려는 상호 호혜적 태도를 가질 때, 그 속에서 진짜 '함께 키우는 교육'이 시작됩니다.

4

학교와
신뢰 관계 형성

연락은 '용건'보다 '존중'이 먼저입니다. 선생님께 연락할 때, "바쁘신데 죄송하지만…."이라는 한 문장이 관계를 부드럽게 엽니다. 작은 배려가 신뢰의 시작이 됩니다.

아이는 자기중심적으로 판단하려는 경향이 있습니다. 아이의 말만으로 판단하기보다, "아이가 이렇게 느끼고 있는데 학교에서는 어떻게 보고 계신가요?"라고 묻는 태도는 교사에게도 신뢰를 줍니다.

짧은 한 줄, "감사합니다. 잘 읽었습니다." 그 한마디가 학교를 향한 열린 마음의 표현이 됩니다. 학교 행사에 가볍게 참여해 보세요. 설명회, 공개수업, 상담일 등은 단지 정보를 얻는 자리가 아니라, 관계를 맺는 시간이기도 합니다.

학교는 완벽하지 않습니다. 교사도 부모도, 때로는 서로를 잘 모르고 오해할 수도 있습니다. 그러나 아이는 그 사이에서 누구보다 민감하게 어른들의 기류를 느끼고, 그에 따라 자신의 학교생활과 삶을 해석합니다. 부모와 교사가 같은 언어로, 같은 마음으로 아이를 바라볼 수 있을 때, 그 아이는 혼자가 아니라 함께 키워지는 존재로 자라날 수 있습니다. 학교를 신뢰하세요. 먼저 마음을 열어 보세요.

선생님은 아이의 삶을 함께 살아 주는 또 한 사람의 어른(부모)입니다. 그리고 그 연결이 따뜻할수록, 아이의 성장도 더 안정되고 깊어집니다.

나오며

"아이가 집에만 오면 아무것도 안 하려고 해요."

"학원 안 보내면 뒤처질까 걱정이에요."

"계획을 세워 줘도 제대로 지키지를 않아요."

학부모 상담에서 흔히 들리는 말들입니다. 그 말들 속에는 걱정, 조바심, 그리고 사랑이 담겨 있습니다. 우리 아이가 잘되길 바라는 마음, 낭비 없이 성장하길 바라는 열망. 그러나 아이의 삶을 '설계'하려는 그 선한 의도는, 때때로 간섭과 통제라는 이름으로 아이를 옥죄는 줄이 되기도 합니다.

부모는 아이보다 더 넓고 복잡한 관계 속의 세상을 경

험해 본 인생의 선배입니다. 그래서 한발 앞서 위험을 막아 주고 싶어집니다. 아이가 방황하지 않도록, 실패하지 않도록, 후회하지 않도록. 하지만 정작 아이에게 필요한 것은 스스로 선택하고 실패할 수 있는 경험의 순간입니다.

요즘 아이들은 어른보다 더 바쁜 일상을 살아갑니다. 새벽을 보며 등교하는 아이들, 이어지는 학원, 숙제, 평가… 가족과 식사할 여유도 없는 그 바쁜 하루 속에서 정작 아이들은 어떤 생각을 하고 있을까요? '왜 이걸 배우는지', '나는 지금 무엇을 느끼는지', '나는 어떤 사람이고 싶은지'를 깊이 생각해 볼 시간조차 주어지지 않습니다.

때로는 멍하니 창밖을 바라보는 시간, 저녁노을이 질 무렵 공원에서 좋아하는 노래를 들으며 스스로를 위로하는 시간, 친구와 재잘대며 오늘 하루를 공유하는 시간—이런 시간이야말로 아이의 내면이 한 뼘 더 성장하는 순간입니다.

부모의 지나친 간섭은 이 사유의 시간을 빼앗습니다.

아이가 '멍하니 있는 시간'을 시간 낭비로 여겨 즉시 개입하고, 작은 실패에도 조언을 쏟아냅니다. 그 결과, 아이는 점점 스스로 선택하는 능력을 잃고, "나는 부모가 시키는 대로만 해야 해"라는 무기력한 수동성에 익숙해집니다. 성장하는 나무의 가지를 자꾸 휘어잡으면, 결국 그 나무는 자라지 못합니다.

그렇기에 지금 부모에게 가장 필요한 힘은 바로 '기다림'입니다. 아직 미완성인 자녀가 스스로 생각하고, 느끼고, 결정해 가는 과정을 조용히 지켜봐 주는 것. 실수를 하더라도 그 실수에서 배우도록 허락해 주는 것.

기다림은 방임이 아닙니다. 오히려 가장 깊은 신뢰에서 나오는 사랑의 표현입니다. "괜찮아, 너를 믿어." 이 한마디는 어떤 조언보다 강력합니다. 아이는 그 믿음 속에서 자신감을 얻고, 자신이 선택한 길을 책임지는 법을 배웁니다. 그러면서 조금씩, 자기만의 속도로 인생을 걸어가기 시작합니다.

그리고 이 기다림의 바탕에는 믿음과 지지가 있어야 합니다. 아이는 완벽하지 않습니다. 때로는 게으르고, 실망스럽고, 이해할 수 없는 모습을 보이기도 합니다. 그럴 때일수록 "너는 아직 부족하지만, 그래서 더 자랄 수 있어"라고 말해 주는 부모가 필요합니다. 등 뒤에서 든든하게 등을 밀어 주는 존재. 그것이 부모의 자리입니다.

지금 아이에게 가장 필요한 것은 더 많은 학원, 더 많은 계획표가 아닐지 모릅니다. 오히려 스스로를 생각할 수 있는 고요한 틈, 자기를 믿어 주는 한 사람의 시선, 그리고 실패해도 괜찮다고 말해 주는 따뜻한 품일지도 모릅니다.

꽃은 스스로 피고, 아이는 스스로 자랍니다. 우리가 해야 할 일은 흙을 가꾸고, 햇볕을 비추며, 그 아이만의 계절을 기다려 주는 일입니다. 잊지 마세요. 아이는 '잘 키워야 할 존재'가 아니라, 그 자체로 이미 자라고 있는 존재입니다.